5 IDEAS PARA FORTALECER TU MATRIMONIO

. . . en medio de las crisis inesperadas

I0809423

LIBROS DE GARY CHAPMAN PUBLICADOS POR PORTAVOZ

5 ideas para fortalecer tu matrimonio en medio de las crisis inesperadas

Ama a tu cónyuge aun cuando quieras salir corriendo: Ayuda para matrimonios en crisis

Biblia devocional: Los lenguajes del amor (editor general)

Los 5 lenguajes del aprecio en el trabajo (coautor)

Casados y felices… después de tantos años (coautor)

Cuando decir "lo siento" no es suficiente (coautor)

El enojo: Cómo manejar una emoción poderosa de una manera saludable

Intentemos de nuevo

Joven valiente: ¡Vive una vida extraordinaria! (coautor)

Lo que me hubiera gustado saber… ¡antes de casarme!

Lo que me hubiera gustado saber… ¡antes de tener hijos!

Mantén vivo el amor cuando las memorias se desvanecen (coautor)

El matrimonio que siempre ha deseado

El reto de criar a tus hijos en un mundo tecnológico (coautor)

Te ve. Te conoce. Te ama. 5 verdades acerca de Dios y tu lenguaje de amor (coautor)

5 IDEAS PARA FORTALECER TU MATRIMONIO

. . . en medio de las crisis inesperadas

Gary Chapman

EDITORIAL PORTAVOZ

La misión de *Editorial Portavoz* consiste en proporcionar productos de calidad —con integridad y excelencia—, desde una perspectiva bíblica y confiable, que animen a las personas a conocer y servir a Jesucristo.

This book was first published in the United States by Northfield Publishing with the title *5 Simple Ways to Strengthen Your Marriage*, copyright © 2020 by Gary D. Chapman. Translated by permission. All rights reserved.

The 5 Love Languages is a registered trademark of the Moody Bible Institute of Chicago in the United States and other jurisdictions.

Publicado originalmente en los Estados Unidos por Northfield Publishing con el título *5 Simple Ways to Strengthen Your Marriage*, copyright © 2020 por Gary D. Chapman. Traducido con permiso. Todos los derechos reservados.

"The 5 Love Languages" es una marca registrada de Moody Bible Institute of Chicago en los Estados Unidos de América y en otras jurisdicciones.

Edición en castellano: *5 ideas para fortalecer tu matrimonio en medio de las crisis inesperadas* © 2020 por Editorial Portavoz, filial de Kregel Inc., Grand Rapids, Michigan 49505. Todos los derechos reservados.

Traducción: Nohra Bernal
Ilustración de la pareja, copyright © 2018 por CSA-Printstock/iStock (1003475380). Todos los derechos reservados.

Algunas historias son ficticias o combinan varias historias, y en otras se han cambiado detalles para proteger la privacidad de las personas involucradas.

Ninguna parte de esta publicación podrá ser reproducida, almacenada en un sistema de recuperación de datos, o transmitida en cualquier forma o por cualquier medio, sea electrónico, mecánico, fotocopia, grabación o cualquier otro, sin el permiso escrito previo de los editores, con la excepción de citas breves o reseñas.

A menos que se indique lo contrario, todas las citas bíblicas han sido tomadas de la versión Reina-Valera © 1960 Sociedades Bíblicas en América Latina; © renovado 1988 Sociedades Bíblicas Unidas. Utilizado con permiso. Reina-Valera 1960™ es una marca registrada de American Bible Society, y puede ser usada solamente bajo licencia.

El texto bíblico indicado con "NVI" ha sido tomado de *La Santa Biblia, Nueva Versión Internacional*®, copyright © 1999 por Biblica, Inc.® Todos los derechos reservados.

EDITORIAL PORTAVOZ
2450 Oak Industrial Drive NE
Grand Rapids, Michigan 49505 USA
Visítenos en: www.portavoz.com

ISBN 978-0-8254-5964-1 (rústica)
ISBN 978-0-8254-6717-2 (Kindle)
ISBN 978-0-8254-7537-5 (epub)

2 3 4 5 edición / año 29 28 27 26 25 24

Impreso en los Estados Unidos de América
Printed in the United States of America

CONTENIDO

INTRODUCCIÓN

Hay quienes afirman que todos estamos en el mismo barco enfrentando los mares agitados del COVID-19 o de cualquier otra crisis inesperada que nos obliga a confinarnos. Eso no es cierto. Cada familia está en su propio barco. Algunos tienen niños pequeños en su barco. Otros tienen estudiantes universitarios que han regresado a su barco. Para muchos, solo eres tú y tu pareja. Tal vez ambos están saludables, o uno (o ambos) está enfermo. Puede que trabajen desde casa, o que ya no tengan trabajo. No, no estamos en el mismo barco. Sin embargo, para todos nosotros las dinámicas de la vida son muy diferentes de lo que eran antes de la tormenta.

Hay quienes dicen que las tasas de divorcio se aumentan

después de periodos de "confinarse en casa" obligatoriamente. Los reportes indican que eso fue precisamente lo que sucedió en China cuando se suspendió la cuarentena después del primer brote de COVID-19. Debo aclarar que las cuarentenas no son la causa de los divorcios, sino las personas. Si la relación matrimonial estaba fracturada antes de la crisis, el hecho de estar confinados juntos simplemente revela lo que ya era una realidad. Si el matrimonio ya era saludable, la pareja puede incluso florecer durante el encierro.

Este libro está dirigido a todas las parejas casadas, sean o no saludables. Su matrimonio puede ser mejor. Las relaciones matrimoniales no son estáticas. Pueden mejorar o empeorar con el día a día. ¿Cambian nuestro ambiente las crisis como la pandemia de COVID-19? ¡Por supuesto que sí! Para muchos, estas situaciones crean presiones económicas, lo cual genera ansiedad. Si la pareja tiene hijos y se declara un periodo de confinamiento, estos estarán "siempre" en casa, las veinticuatro horas del día y los siete días de la semana. Muchos padres me han dicho que aprecian mucho más a los maestros desde que las escuelas tuvieron que cerrar durante un tiempo. Nuestras rutinas diarias cambian, y esto genera estrés. Sin embargo, ninguno de estos factores determina un matrimonio, ni para bien ni para mal.

Los seres humanos tenemos una capacidad de adaptación extraordinaria. Podemos elegir nuestras actitudes y comportamientos. No elegimos nuestras emociones. Podemos sentirnos frustrados, enojados, decepcionados y solos, o felices, emocionados, amados y seguros. Aunque las emociones suelen afectarnos, no tienen que controlar nuestro comportamiento. Nuestra sociedad ha exaltado las emociones como la estrella que guía nuestra vida. Quizá oigas quienes dicen: "Tengo que ser fiel a mis emociones" o "Tengo que escuchar lo que me dice mi corazón". Y, basados en sus emociones, toman sus decisiones. Si sus emociones son negativas, con frecuencia estas decisiones tienen efectos perjudiciales en su matrimonio y los hijos. No me malentiendas; las emociones son una parte importante de nuestra humanidad, pero no deben controlar nuestro comportamiento.

En tiempos de crisis, necesitamos redescubrir el poder de nuestra actitud y de nuestro comportamiento. Es mucho más probable llegar a decisiones sabias cuando elegimos tener una actitud positiva. Nuestra actitud es lo que elegimos creer. Una actitud negativa dice:

"Nuestro matrimonio nunca puede mejorar".
"Las personas no pueden cambiar".
"Esta crisis va a destruirnos".

Todas esas actitudes son mitos que nacen de nuestras emociones negativas. Una actitud positiva dice:

> "Estos son tiempos difíciles, pero vamos a superarlos".
> "Vamos a usar esta crisis para fortalecer nuestro matrimonio".
> "Necesitamos cambiar algunas cosas, y yo seré el primero en cambiar".
> "Elijo aprovechar este tiempo como una oportunidad para enriquecer nuestro matrimonio y las vidas de nuestros hijos".

Lo que me propongo con este breve libro es ofrecerles cinco ideas que pueden mejorar su matrimonio y cultivar un ambiente más propicio para criar a los hijos. Si tienen hijos, no hay mejor regalo que darles un ejemplo de una madre y un padre que disfrutan de una relación amorosa, atenta y solidaria. Yo creo que ustedes pueden tener esa clase de matrimonio. Ya sea que tengan un matrimonio saludable o un matrimonio con luchas, puede mejorar en medio de las crisis.

Es mucho más probable llegar a decisiones sabias cuando elegimos tener una actitud positiva.

Las sugerencias que voy a presentar son el resultado de cuarenta años en los que he aconsejado a parejas. He visto matrimonios salvarse mediante la aplicación de estas sencillas prácticas, y he visto buenos matrimonios convertirse en matrimonios excelentes gracias al aprendizaje de estas habilidades. Los breves capítulos siguientes les proporcionan cinco estrategias que pueden mejorar su matrimonio. Lo ideal es que ambos puedan leer un capítulo y a continuación intercambien ideas acerca de cómo poner en práctica el material en su matrimonio. Soy plenamente consciente de que no puedes obligar a tu pareja a leer y comentar contigo la lectura. Pero si ambos leen y deciden practicar lo que leen, el matrimonio se proyectará hacia una dirección positiva. Puedo pronosticar que empezarás a ver cambios en el comportamiento de tu cónyuge a medida que tu cónyuge observe los cambios que están sucediendo en ti. A todos nos afecta la manera en que nos tratan los demás. No subestimes el poder de una influencia positiva.

CAPÍTULO 1

DECLAREN UNA TREGUA DE BOMBAS VERBALES

El viejo dicho: "Los palos y las piedras pueden romper mis huesos, pero las palabras nunca me harán daño", es completamente falso. Las palabras tienen un gran poder para herir. La verdad se encuentra en un antiguo proverbio hebreo: "En la lengua hay poder de vida y muerte".[1] Con tus palabras puedes matar tu relación o darle vida. Todo lo que decimos es una bomba o un bálsamo. Las bombas destruyen. El bálsamo es un aceite aromático o ungüento que reconforta y sana. Las palabras ásperas, crueles y condenatorias son como bombas que explotan en el corazón de quien las recibe. Las palabras amables, amorosas y edificantes son como un ungüento que sana el corazón de quien las recibe.

Lamentablemente, hay momentos en los que todos lanzamos bombas a nuestro cónyuge. A menudo, esas palabras se pronuncian con enojo. Decimos cosas como: "No puedo contar contigo para nada"; "Eres igual a tu padre/madre: totalmente irresponsable"; "¿Vas a dejar a un lado el portátil para escucharme?"; "Cuando salgas a caminar llévate

1. Proverbios 18:21a (NVI).

a Juan. A él le gusta salir y para mí será un alivio"; "Creo que nunca me tocarías si no fuera porque yo tomo la iniciativa"; "Tú sabes que no me gusta el salmón, ¿por qué lo preparaste?"; "Me enloquecen tus juegos de vídeo todo el día". Podría seguir la lista, pero ya entiendes de qué hablo.

Con tus palabras puedes matar tu relación o darle vida. Todo lo que decimos es una bomba o un bálsamo.

Estas bombas verbales son producto del enojo. El enojo es una emoción que sentimos cuando creemos que hemos sido tratados de manera injusta. Con frecuencia, nuestro enojo es legítimo, porque hemos sido agraviados. Esa clase de enojo debe llevarnos a confrontar en amor a nuestro cónyuge y buscar la reconciliación. (Hablaremos acerca de esto en el capítulo 2). Sin embargo, gran parte de nuestro enojo es distorsionado. Nuestro cónyuge no nos trató mal; simplemente no hizo lo que nosotros esperábamos que hiciera. O no lo hizo a nuestra manera, como preferíamos que se hicieran las cosas. Por ejemplo, recuerdo que una vez me enojé con mi esposa por la manera en que ella llenaba la máquina lavadora de platos. Yo soy una persona organizada y tenía mi propia manera de llevar a cabo esta labor. De ese modo, nada se rompe y todo queda limpio. Karolyn pone los platos en la máquina como si estuviera jugando a lanzar un plato volador. Así que, en mi enojo, le lancé un sermón poco amable. ¿Eso fue algo positivo para nuestro matrimonio? ¡No! Ella se enojó conmigo por la manera en que le hablé. Por lo general, una bomba verbal estimula el desquite. Yo le lancé una bomba y ella me lanzó una bomba, y así destruimos lo que más queríamos: un matrimonio amoroso.

Cuando nos vemos obligados a permanecer en un mismo lugar juntos, todos los días, todas las horas del día, las diferencias de personalidad pueden aflorar con mayor frecuencia e intensidad. La pregunta es: ¿Cómo manejamos estas molestias? Por naturaleza, algunas personas estallan de enojo con palabras ásperas e hirientes. Otras se enfurruñan y dejan de hablarle a su pareja. Ninguna de estas actitudes mejora la relación. Las palabras que transmiten vida son una opción muchísimo mejor. Piensa lo que habría sucedido si yo hubiera dicho a Karolyn: "Querida, agradezco mucho que ayudes a poner los platos en la máquina. ¿Te gusta hacerlo o preferirías que yo lo hiciera? Estoy dispuesto a hacerlo si te sirve de ayuda". ¿Percibes el bálsamo sanador y reconfortante de esas palabras?

Puedo oír a alguien diciendo: "Eso no es natural. Nadie habla así cuando está enojado". Es cierto que cuando estamos enojados nuestra respuesta natural es lanzar una bomba verbal. Sin embargo, hacer lo que "viene naturalmente" no mejora un matrimonio. Aprender a controlar nuestro enojo y no permitir que el enojo tome el control es una lección indispensable para tener un matrimonio saludable. Tan pronto como lanzas una bomba, explota. Esas explosiones verbales nunca nos mueven en la dirección correcta. Por eso sugiero: *Declaren una tregua de bombas verbales*. Ya sea que el lanzamiento de bombas verbales sea, en tu matrimonio, una "forma de vida" o un simple suceso "esporádico", ¿considerarías la posibilidad de "declarar una tregua"? Ahora que muchos pasamos más tiempo en el mismo espacio geográfico, tenemos una oportunidad maravillosa para iniciar una tregua.

Aprender a controlar nuestro enojo y no permitir que el enojo tome el control es una lección indispensable para tener un matrimonio saludable.

Una tregua es un acuerdo para cesar el bombardeo y crear una atmósfera en la cual se pueda hablar acerca de nuestra relación y buscar construir algo que ambos deseamos, un lugar de paz y no de guerra. A lo largo de la historia, un número de conflictos internacionales se han resuelto cuando cada parte estaba dispuesta a declarar una tregua y negociar. Yo creo que muchos matrimonios también podrían encontrar la paz, pero primero debemos poner fin a los bombardeos.

¿Y qué sucede cuando solo tú lees este libro y a tu cónyuge no le interesa participar? ¡No todo está perdido! Si tú determinas que quieres cambiar la atmósfera de tu matrimonio y estás dispuesto a llegar a un acuerdo contigo mismo para dejar de lanzar bombas desde tu frente, al menos las bombas disminuirán en tu hogar. Cuando dejes de tomar represalias por las bombas que lanza tu cónyuge, es posible que se le agoten sus municiones. Es difícil seguir disparando cuando nadie está devolviendo los disparos.

Ahora viene el segundo paso. ¿Y qué sucedería si, durante esta tregua, empezaras a cambiar las bombas verbales por bálsamos verbales? ¿Y si buscaras reemplazar la queja por la gratitud? ¿Y si empezaras a buscar motivos para apreciar a tu cónyuge? ¡Yo creo que si "buscas" es muy probable que "encuentres"!

En alguna ocasión una mujer me dijo:

—Yo sé que es bueno decirle a mi esposo palabras positivas; pero, para ser sincera, no encuentro nada positivo que decir acerca de él.

Yo me detuve a pensar un momento y dije:

—Bueno, ¿él se ducha a veces?

—Pues, sí —respondió ella.

—¿Con cuánta frecuencia? —pregunté.

—Bueno, todos los días —respondió.

—Si yo fuera tú, empezaría con eso —le dije—. Imagina que le dices a tu esposo: "Querido, no creo que te lo haya dicho antes, pero aprecio el hecho de que tomes una ducha todos los días. Entiendo que hay hombres que no lo hacen, y realmente aprecio esto acerca de ti".

Una tregua es un acuerdo para cesar el bombardeo y crear una atmósfera en la cual se pueda hablar acerca de nuestra relación y buscar construir algo que ambos deseamos, un lugar de paz y no de guerra.

Nunca he conocido a un hombre ni a una mujer en quien no haya podido encontrar una razón por la cual dar gracias. Estoy seguro de que tu cónyuge no es la excepción.

Para algunos, hablar palabras de gratitud nos resulta fácil. Recibimos palabras constructivas en nuestros años de crecimiento y aprendimos desde niños a decir "gracias" cuando alguien hacía algo por nosotros. Rara vez nos retiramos de la mesa sin decir: "Gracias mamá/papá por el almuerzo". Si esa fue nuestra experiencia en la infancia, es probable que expresar gratitud verbal a nuestro cónyuge nos resulte más natural. Sin embargo, hay personas que difícilmente recibimos palabras positivas en nuestros años de crecimiento, y en nuestra vida adulta no hablamos de manera natural palabras de gratitud. Ya sea que nos resulte fácil o difícil, todos podemos aprender a expresar gratitud.

Una vez un esposo me contó que él no sabía cómo expresarle gratitud a su esposa.

—Simplemente, no me parece natural —dijo.

—Yo te entiendo —le dije y, como sabía que le gustaba jugar golf, añadí—: Me imagino que cuando empezaste a jugar golf no te pareció natural, ¿no es así?

—Tienes razón. Yo era el peor principiante que pueda imaginarse. Perdí decenas de bolas en el lago.

—Entonces, ¿cómo aprendiste a jugar golf? —le pregunté.

—Poco a poco —respondió—. Simplemente seguí intentándolo y, por supuesto, conté con un buen entrenador.

—Entonces yo seré tu entrenador, si estás dispuesto a intentarlo —dije—. Poco a poco empezarás a sentirte más natural, pero tienes que seguir intentándolo.

Él estuvo de acuerdo y, con el tiempo, se convirtió en un esposo estelar.

Una de mis sugerencias para este esposo fue conseguir un cuaderno de "gratitud". En la primera página, él escribió: "Lo que aprecio de mi esposa". Yo le pedí que, en una semana, escribiera tres cosas en la primera página y que me las presentara la semana siguiente. Debo admitir que, desde mi perspectiva, eran bastante generales.

1. Ella cocina bien.
2. Ella es una buena madre.
3. Ella es una buena maestra de escuela.

Sin embargo, ese fue el punto de partida. Yo escribí lo siguiente en su cuaderno de gratitud, junto a cada frase:

1. Querida, sé que no te lo he dicho con frecuencia, pero eres una excelente cocinera y realmente aprecio todas las comidas que preparas.
2. María (el nombre de su esposa), he pensado acerca de lo maravillosa que eres como madre para nuestros hijos y quiero agradecerte todo lo que haces por ellos.
3. ¿Cómo te fue tu trabajo de enseñar esta semana? Estoy seguro de que los padres de tus estudiantes realmente te aprecian. Por todo lo que escucho eres una excelente maestra.

En seguida, le pedí que leyera cada comentario en voz alta. Lo hizo con cierta dificultad, pero los leyó.

—Ahora quiero que esta semana te pongas frente a un espejo y leas cada comentario en voz alta, al menos dos veces al día —dije.

—¿Eso es todo? —preguntó.

—Eso es todo por esta semana —respondí.

La semana siguiente le pedí que pronunciara cada uno de los comentarios de afirmación sin mirar su cuaderno. Lo hizo bastante bien.

—Muy bien, esta es tu tarea para las siguientes tres semanas —indiqué—. Quiero que le digas a María una de esas frases cada semana. Tú puedes elegir el tiempo y el lugar, pero cada semana debes expresarle tu gratitud por una de las tres razones.

—Eso va a ser difícil —reconoció.

—Lo sé, pero un buen jugador de golf como tú puede hacerlo —dije.

Ambos reímos.

—Lo intentaré —dijo.

—Eso es lo único que se necesita —dije al tiempo que él salía de mi oficina.

Al cabo de tres semanas él entró en mi oficina con una sonrisa en su rostro.

—¿Cómo salió todo? —pregunté.

—La semana pasada, cuando hice mi tercera declaración, ella me dijo: "¿Qué te pasa? Nunca te había escuchado decirme tantos halagos".

—¿Y tú qué dijiste? —pregunté.

—Le dije que, simplemente, intentaba aprender a expresarle cuánto la apreciaba. Y ella dijo: "Qué lindo detalle de tu parte. Te amo mucho". Ella no había dicho eso en mucho tiempo. Me sentí maravilloso.

Ese fue otro recordatorio del poder de usar palabras de gratitud.

De allí pasamos a ampliar las posibilidades de hablar palabras positivas a su esposa. Nos enfocamos en aspectos que él apreciaba de su personalidad. Llegó con una lista muy bien elaborada. Luego empezó a agradecer a su esposa lo que ella hacía por él, cosas que él había dado por descontadas. Él empezó a fijarse en la ropa que ella vestía y a decirle lo bien que se veía. Le agradeció a su esposa que tolerara su obsesión con el golf y no lo hiciera sentir culpable cuando iba al club. En cuestión de nueve meses él era, a los ojos de María, un esposo estelar.

Tal vez en tu caso personal sea fácil expresar aprecio y gratitud a tu cónyuge. O tal vez te resulte extremadamente difícil. Si es así, espero que esta historia te anime a empezar. No permitas que tus experiencias pasadas destruyan tu realidad presente. Si a causa de las crisis inesperadas tienen que pasar más tiempo juntos, deben crear una relación más positiva al reemplazar las bombas verbales por bálsamos verbales.

PONGÁMOSLO EN PRÁCTICA

1. Si los dos están dispuestos, firmen una tregua. Si solo uno de ustedes está dispuesto, comprométete por tu lado a firmar la tregua.

   Escribe las siguientes palabras en una hoja de papel, que cada uno pueda firmar con fecha:

   > Sabemos que las palabras ásperas y las críticas lastiman nuestra relación. Por lo tanto, nos comprometemos a declarar una tregua del uso de esas palabras. No solo buscaremos dejar de lanzar bombas verbales al otro, sino que procuraremos reemplazar las palabras negativas por palabras positivas de aprecio.

2. Empieza tu propio cuaderno de "gratitud".

   Esta semana, anota tres cosas que aprecias de tu cónyuge.

Añade dos más cada semana, a lo largo de seis semanas.

3. Intenta expresar verbalmente el aprecio que tienes por tu cónyuge al menos una vez por semana.

4. Cuando falles y hables de manera áspera o con críticas a tu cónyuge, primero cálmate y en seguida regresa y discúlpate. (Hablaremos más al respecto en el capítulo 2).

CAPÍTULO 2

DERRIBEN MUROS EMOCIONALES

Los matrimonios no florecen cuando existen muros emocionales entre los esposos. Los muros se construyen ladrillo por ladrillo. Una esposa dijo:

—Ayer él me dijo que yo era perezosa porque no puse una nueva bolsa para la basura cuando saqué la que estaba llena. Eso me dolió mucho.

—¿Él volvió para disculparse? —pregunté.

—No, y no va a hacerlo —respondió ella.

Un ladrillo emocional acaba de añadirse al muro. Las ofensas pueden ser pequeñas o grandes, pero cada una que no se resuelve colocará otro ladrillo en el muro. Muchas parejas construyen entre ellos muros altos y anchos: son las parejas que contemplan el divorcio o deciden vivir en la misma casa como compañeros de habitación, cada uno viviendo su propia vida. Los muros no se quitan con el paso del tiempo. Cuando estamos confinados bajo el mismo techo, el muro vuelve la vida mucho más penosa.

Por supuesto, no todas las parejas tienen muros entre ellos. Sin embargo, todas las parejas se ofenden de vez en cuando. A veces lo hacen de manera intencional y otras veces no, pero cada ofensa pone un ladrillo emocional que los separa. Solo hay una manera de quitar el ladrillo: disculparse y perdonarse. Si no se disculpan y no se perdonan, la ofensa se convierte en el primer ladrillo en un muro. En cambio, si se disculpan con sinceridad y se perdonan, no habrá muro que se interponga entre ellos. La relación se desarrolla de manera saludable.

Yo creo que la disculpa y el perdón son indispensables para un matrimonio saludable a largo plazo. Digo que son esenciales porque no existen esposos ni esposas perfectos. Todos fallamos de vez en cuando. Un hombre levantó la mano cuando el orador preguntó: "¿Alguien conoce a un esposo perfecto?", y dijo: "El primer esposo de mi esposa". Mi observación es que, si hay esposos perfectos, son difuntos, y la mayoría de ellos se volvieron perfectos después de morir. No tenemos que ser perfectos para tener matrimonios saludables, pero sí necesitamos manejar nuestras faltas de un modo eficaz.

La disculpa y el perdón son indispensables para un matrimonio saludable a largo plazo.

Hablemos entonces de disculpas y de perdón. ¿Dónde aprendemos a disculparnos? Por lo general, de nuestros padres o de alguien que ejerció como padre. El pequeño Pedro empuja a su hermana, y su madre dice: "Pedro, ¡no le hagas eso a tu hermana! Anda y te disculpas". Entonces Pedro dice: "Lo siento", aunque no lo sienta. Ahora Pedro tiene veinticuatro años y está casado. Cuando ofende a su esposa, ¿qué dice? Dice lo mismo: "Lo siento". En nuestra investigación descubrimos que alrededor del 10 por ciento de la población casi nunca se disculpa por ningún motivo, y la mayoría de estas personas son hombres. Lo aprendieron de sus padres que decían: "Los hombres de verdad no se disculpan". Yo le digo a esos hombres: "Puede que tu padre haya sido un buen hombre, pero estaba mal informado. Los hombres de verdad sí se disculpan. De hecho, son los hombres de verdad los que se disculpan y perdonan".

Como tuvimos padres diferentes, tenemos diferentes ideas acerca de lo que significa disculparse. La madre de María le enseñó a disculparse diciendo: "Me equivoqué. No debí haber hecho eso. Espero que me perdones". Así pues, cuando su esposo Juan dice: "Lo siento", ella no considera que eso sea una disculpa sincera. Cuando las personas nos piden disculpas, lo que todos nos preguntamos es si son sinceras. Si es así, es mucho más fácil perdonarlas. No obstante, juzgamos la sinceridad por la manera en que se disculpan. En nuestra investigación, descubrimos que existen varias formas de disculparse.

Una de ellas es expresar que lo lamentas, a menudo con las palabras "lo siento". Pero nunca te limites a esas dos palabras. Dile a la otra persona por qué lo sientes. "Lo siento por ponerme furioso y gritarte". Y nunca uses la palabra "pero". "Lo siento por ponerme furioso y gritarte, pero si no hubieras… yo no habría…". Eso ya no es una disculpa. Es culpar al otro por tu mal comportamiento.

Otra manera común de disculparse es asumir la responsabilidad por tu conducta. Eso fue lo que hizo María cuando reconoció: "Estaba equivocada. No debí haber hecho eso". Para otros, una disculpa sincera siempre busca restituir. "¿Qué puedo hacer para enmendar el daño?". Quieren corregir su conducta. Otros quieren oír que expreses el deseo de cambiar tu comportamiento. "No me gusta esto de mí. No quiero seguir haciéndolo. Sé que hice lo mismo el mes pasado. ¿Podrías ayudarme a encontrar la manera de no repetir el mismo error?". Una esposa contó la siguiente anécdota que ilustra esto: "Mi esposo perdió los estribos con nuestro bebé. El bebé estaba llorando y, después de hacer todo lo que se le ocurrió, el bebé seguía llorando. Mi esposo perdió la paciencia y empezó a gritarle a nuestro bebé. Yo corrí a la habitación llorando. Diez minutos después, él tocó a la puerta y me preguntó si podía entrar. Se acercó y, con lágrimas, me expresó lo mal que se sentía por lo que había hecho y cómo deseaba nunca más volver a comportarse de esa manera. Hablamos e ideamos un plan sencillo: si alguna vez él sentía que iba a perder los estribos con uno de nuestros hijos, me diría: 'Querida, estoy enojado. Tengo que salir a caminar'. Yo entendería lo que me querría decir y me encargaría de la situación. Él daría una vuelta por el barrio y, al regresar, diría: 'Bien, creo que tengo todo bajo control. ¿En qué puedo ayudarte?'. Eso fue hace ocho años y, desde entonces, nunca ha perdido la paciencia con ninguno de nuestros hijos. Ha hecho varias caminatas, pero nunca se ha salido de sus casillas".

No tenemos que ser perfectos para tener matrimonios saludables, pero sí necesitamos manejar nuestras faltas de un modo eficaz.

Uno de nuestros problemas al ofrecer una disculpa relevante es que juzgamos la sinceridad del otro según lo que pensamos que debería decir. Con frecuencia, no dice lo que queremos oír, probablemente porque sus padres le enseñaron a disculparse de una manera diferente. Ahora que ustedes dos pasan más tiempo juntos, esta es una buena oportunidad para intercambiar ideas acerca de lo que cada uno considera una disculpa sincera. Es muy posible que descubras por qué has sentido que sus disculpas anteriores han sido más bien pobres. Puedes aprender a expresar en el futuro tus disculpas de una manera más acorde a las expectativas de tu cónyuge. También puedes llegar a aceptar la sinceridad de la disculpa de tu cónyuge ahora que sabes que, en su infancia, aprendió una manera diferente de expresar una disculpa.

EL PERDÓN

Una disculpa sola no va a eliminar la barrera emocional creada por una ofensa. La disculpa debe ir seguida de una respuesta. La respuesta saludable es perdonar. El perdón es una elección. Si eliges no perdonar, la barrera persiste y tu relación con tu cónyuge se dificulta. El perdón absuelve a una persona o quita la barrera que los separa. Perdonar es expresar la decisión de no tomar represalias contra tu cónyuge por la ofensa. No le harás pagar por ello el resto de su vida. Quitarás la barrera para que la relación de ustedes crezca.

Es importante saber que hay algunas cosas que el perdón no hace. El perdón no destruye el recuerdo de la ofensa. Puede que hayas oído decir: "El que no ha olvidado, no ha perdonado". Eso no es verdad. Todo lo que nos ha acontecido queda almacenado en el cerebro humano y, a veces, incluso después de haber perdonado, el recuerdo vuelve a nuestra mente. El perdón tampoco elimina todas las emociones dolorosas. Cuando el recuerdo vuelve, a menudo viene acompañado de emociones. Podemos experimentar emociones como congoja, enojo, pena y otras. ¿Qué hacemos con estos recuerdos y emociones? Yo creo que sirven para recordarnos que nuestro cónyuge se ha disculpado y que hemos elegido perdonarlo. Por tanto, puedes resolver que no permitirás que el recuerdo y las emociones controlen tu comportamiento. Buscarás hacer algo amable y amoroso por tu cónyuge. Tus palabras o acciones amorosas hablarán al corazón de tu cónyuge y te sentirás bien por hacer algo positivo a pesar de tus sentimientos negativos.

Otra cosa que el perdón no hace es restablecer la confianza. Una mujer, con lágrimas en los ojos, se sentó en mi consultorio y dijo:

—Mi esposo me fue infiel sexualmente. Rompió la relación con esa persona y se disculpó conmigo. Yo lo he perdonado y he accedido a reconstruir nuestro matrimonio, pero tengo que ser franca, no confío en él.

—Entiendo lo que me dices —dije—. El perdón no restaura la confianza. El perdón abre la puerta a la posibilidad de que la confianza renazca. La confianza renace con el tiempo, en la medida en que tu esposo se vuelve digno de tu confianza.

Mi consejo para ese esposo fue que diera a su esposa acceso ilimitado a todo lo que sucede en la vida de él. Él podría decirle: "Mi computadora está a tu disposición en cualquier momento si quieres verla, igual que mi teléfono celular. Si yo te digo que voy al gimnasio, está bien si tú quieres venir y ver si estoy allí como he dicho. Ya no quiero engañarte más. Te he lastimado profundamente y no quiero volver a herirte. Mi vida es un libro abierto". Si el esposo adopta esta actitud, es probable que su esposa vuelva a confiar en él. Mientras tanto, pueden continuar reconstruyendo su matrimonio practicando los cinco consejos que presento en este libro.

Para tener un matrimonio saludable, es necesario que se comuniquen mutuamente cada vez que se sientan ofendidos.

Creo que ya comprendes por qué sugiero que disculparse y pedir perdón son esenciales para tener un matrimonio saludable en el largo plazo. De modo que, si existe un muro entre ustedes dos, este sería un momento ideal para derribar ese muro. Haz una lista de todo aquello en lo que le has fallado a tu cónyuge y que logras recordar. En seguida, dile: "He estado pensando acerca de nosotros, y sé que te he lastimado de muchas formas. Me siento mal por lo que he hecho. Tú no mereces que te trate como te he tratado. Hice una lista de algunas faltas que recuerdo y, si me lo permites, me gustaría comentártelas y pedirte si podrías perdonarme. Yo trataré de compensar todo el sufrimiento que te he causado. Sé que no puedo deshacer esas faltas, pero sí quiero cambiar el futuro. También estoy dispuesto/a a que me digas algo que no haya incluido en la lista. Realmente quiero enfrentar mis faltas. Quiero ser el esposo/la esposa que tú mereces". Una disculpa sincera como esta puede ser el primer paso para derribar el muro que se interpone entre ustedes. Es posible que tu cónyuge esté dispuesto a perdonarte. Sin embargo, tal vez necesite tiempo adicional para pensar acerca de lo que has dicho y procesar sus propias emociones y pensamientos. Recuerda que el perdón es una elección, del mismo modo que la disculpa es una decisión. Ambos son necesarios para derribar el muro.

Muchos de ustedes no tienen un muro que les separa. Enfrentan sus faltas a medida que estas se presentan. Espero que este capítulo te ayude a entender un poco mejor la disculpa y el perdón, y a manejar tus fracasos con mayor eficacia. Con el estrés de las crisis inesperadas, es probable que, en efecto, digas y hagas cosas que son hirientes. Cuanto más rápido te disculpes y perdones, más probable es que pongas en práctica las otras sugerencias que encontrarás en los capítulos siguientes.

Si tu cónyuge es alguien que rara vez (o nunca) se disculpa, ¿qué puedes hacer? Yo creo que, con una actitud amable y amorosa, puedes confrontarlo con su ofensa. Tal vez puedas decirle: "Si hay algo que me molesta, ¿sería este un buen momento para decírtelo?". Cuando el otro esté dispuesto a escuchar, puedes decir: "Tal vez lo haya malinterpretado, pero me gustaría comentarte algo que realmente me hirió". Entonces pasas a comentarle lo que dijo o hizo que te lastimó. También, podrías decir: "¿Puedes entender por qué me lastimó? Si he malinterpretado la situación, ¿podrías explicármelo, por favor?". A esto me refiero con confrontar a tu cónyuge con una actitud amable y amorosa.

Tu cónyuge tiene la opción de explicar o de disculparse por su comportamiento. Cualquiera sea el caso, tú quedas libre para quitar la barrera emocional y tu relación podrá avanzar. Hacer cada esfuerzo que sea necesario para quitar la barrera y no permitir que se levante un muro entre ustedes es el camino de la sabiduría. No puedes obligar a tu cónyuge a disculparse, de igual modo que no puedes obligarlo a que te perdone, pero puedes confrontarlo con amor. Este plan de acción es mucho más productivo que reprimir el dolor y dejar que se acumule el enojo. Esto conduce tarde o temprano a una explosión y, entonces, serás tú quien tendrá que disculparse. Para tener un matrimonio saludable, es necesario que se comuniquen mutuamente cada vez que se sientan ofendidos. Si los dos pueden ponerse de acuerdo con este plan de acción, habrán dado un gran paso hacia la renovación de su matrimonio.

PONGÁMOSLO EN PRÁCTICA

1. Si ambos han leído juntos este capítulo, tengan un tiempo para "sentarse" e intercambiar sus ideas acerca de lo que es una disculpa sincera. Hablen acerca de cómo ustedes han procesado las faltas en el pasado y cómo podrían hacerlo de manera más eficaz en el futuro.

2. Pregúntense el uno al otro: "¿En alguna ocasión te he lastimado y no me he disculpado? Si es así, me gustaría arreglarlo, porque quiero que tengamos un matrimonio saludable".

3. Pregúntense el uno al otro: "¿En medio del estrés reciente ha sucedido algo en lo que te he lastimado? Si es así, quiero disculparme".

4. Pregúntense el uno al otro: "¿Sientes que en el pasado te he perdonado cuando te has disculpado?".

5. Pregúntense el uno al otro: "¿Qué más podemos aprender de este capítulo?".

Si tu cónyuge no ha leído este capítulo y no está interesado en hablar acerca de la disculpa y el perdón, ¿por qué no empezar pidiendo disculpas por tus propias faltas? Tal vez sientas que tu cónyuge es 95 por ciento del problema; en ese caso, discúlpate por tu 5 por ciento. Tu ejemplo notifica a tu cónyuge que algo está sucediendo en tu corazón y en tu mente. En el pasado, puede ser que haya oído tus palabras de crítica y acusación, pero ahora oye una disculpa. Si desarrollas el hábito de disculparte cada vez que dices o haces algo ofensivo, estarás ejerciendo una influencia positiva en tu cónyuge. Con el tiempo, puede que empiece también a disculparse. No subestimes el poder de la influencia.

CAPÍTULO 3

DESCUBRAN Y HABLEN EL LENGUAJE DEL AMOR DE CADA UNO

Tal vez algunos de ustedes han leído mi libro *Los cinco lenguajes del amor: El secreto del amor que perdura.* El libro ha vendido más de trece millones de ejemplares y ha sido traducido y publicado en más de cincuenta idiomas alrededor del mundo. Muchas parejas me han dicho que el libro en realidad salvó su matrimonio. Si has leído el libro, lo que voy a presentar en este capítulo será un repaso. Te ayudará a volver a tener presente y en un lugar prioritario el lenguaje del amor de tu pareja durante estos tiempos de crisis. Si no has leído el libro original, esta breve sinopsis será una introducción al concepto y te explicará cómo renovar tu matrimonio al descubrir y hablar el principal lenguaje del amor de tu pareja.

Casi todo el mundo está de acuerdo con que la necesidad emocional más profunda de todo ser humano es la de sentirse amado por las personas más cercanas en su vida. Si estamos casados y nos sentimos verdaderamente amados por nuestro cónyuge, la vida es hermosa. Aun en tiempos de crisis podemos procesar las presiones adicionales de la vida con mayor facilidad. En cambio, si no nos sentimos amados por nuestro cónyuge, la vida puede empezar a parecer sombría y, en momentos de incertidumbre, nuestro matrimonio puede verse amenazado.

La mayoría de nosotros puede recordar el momento de nuestra vida en el que nos conocimos y "nos enamoramos". Los sentimientos de euforia nos llevaban sin mucho esfuerzo consciente de nuestra parte. Estábamos hechos el uno para el otro. Quizá nuestros padres nos señalaron los defectos de nuestro ser amado, pero no los veíamos. Una madre dijo a su hija: "Querida, ¿te has dado cuenta de que ese joven no ha tenido un empleo estable en cinco años?". A esto, la hija respondió: "Entiéndelo, mamá. Él simplemente está esperando la oportunidad correcta". Cuando estamos enamorados vemos el mundo a través de unos anteojos rosa.

Nadie me explicó que la euforia del "enamoramiento" suele durar solo dos años. Mi esposa y yo habíamos salido un par de años antes de casarnos, de modo que para mí se acabó pronto después de la boda. Recuerdo que pensé: "Se acabó. Me pregunto si me equivoqué al casarme". Por supuesto que no le dije eso a mi esposa, pero definitivamente lo pensé. Desearía haber sabido entonces lo que sé ahora. Hay dos etapas del amor romántico. La primera etapa es la que acabo de describir, y que se denomina comúnmente "enamoramiento" o "estar enamorado". Es una etapa que requiere muy poco esfuerzo de nuestra parte. Simplemente "nos dejamos llevar" y disfrutamos de la relación. La segunda etapa requiere un esfuerzo deliberado.

En una ocasión hablé con una joven en un aeropuerto de Chicago. Ella iba a visitar a su prometido en el centro de entrenamiento naval de los Grandes Lagos. La joven me preguntó cuál era mi profesión. Yo le dije que era consejero matrimonial y que trataba de ayudar a las personas en su esfuerzo por mantener sus matrimonios. Ella preguntó, con toda sinceridad: "¿Por qué hay que esforzarse en un matrimonio?". Yo sabía que ella estaba enamorada y la idea de tener que esforzarse para mantener una relación le parecía extraña.

La necesidad emocional más profunda de todo ser humano es la de sentirse amado por las personas más cercanas en su vida.

El hecho es que sí tenemos que esforzarnos por mantener un matrimonio si queremos conservar el amor romántico vivo después de la euforia del "enamoramiento". La dificultad para hacerlo radica en que damos por hecho que lo que nos hace sentir amados también hará sentir amado al otro. Esa es una suposición falsa.

Recuerdo la primera vez que me topé con esta realidad en mi consultorio de consejería hace muchos años. Estaba aconsejando a una pareja que había estado casada durante treinta años.

—Ya no siento ningún amor de parte de él. Somos como compañeros de habitación que viven bajo el mismo techo. Me siento muy sola y no sé cuánto tiempo más podré soportar esto —dijo la esposa.

Yo miré a su esposo, y él dijo:

—Yo no la entiendo. Hago todo lo que puedo para demostrarle que la amo y, aun así, ella dice que no se siente amada. No sé qué más hacer.

Así que pregunté:

—¿Qué haces para demostrarle que la amas?

—Bueno, llego a casa del trabajo antes que ella, y empiezo a preparar la cena. A veces la tengo lista para cuando ella llega a casa. Si no, ella me ayuda, y después comemos y yo lavo los platos. Cada jueves en la noche yo paso la aspiradora por el piso y cada sábado lavo el auto, corto el césped y le ayudo con la ropa —dijo él.

Él siguió con los detalles, y yo ya había empezado a preguntarme: "¿Qué hace esta mujer?". Parecía que él hacía todo. Volví a mirar a su esposa y ella dijo:

—Él tiene razón. Es un hombre muy trabajador, pero

nunca hablamos. No hemos hablado en veinte años. Él siempre está lavando platos, cortando el césped, paseando el perro o haciendo cualquier otra cosa.

¿Te das cuenta? Él era un esposo que hacía todo lo que se le ocurría para expresarle amor a su esposa y la esposa no se sentía amada. Después de aquel encuentro, atendí varias parejas que contaban historias parecidas.

Al final, decidí leer los apuntes de varios años de consejería con parejas en busca de una respuesta a esta pregunta: Cuando alguien dice: "No me siento amado por mi cónyuge", ¿qué quiere decir? o ¿cuál es su reclamo? Las respuestas se clasificaban en cinco categorías y, más adelante, las llamé los cinco lenguajes del amor. De modo que empecé a usar ese concepto en mi consejería. Yo le decía al esposo: "Si quieres que ella se sienta amada, tienes que expresarle amor en el lenguaje de amor de ella". Y a la esposa decía: "Si quieres que él se sienta amado, tienes que expresarle amor en el lenguaje de amor de él". Yo les ayudaba a descubrir el lenguaje del amor del otro y los desafiaba a ir a casa y hablarlo. A veces regresaban en cuestión de tres semanas y decían: "Esto lo cambia todo. La atmósfera emocional ha cambiado por completo". Este es un breve resumen de los cinco lenguajes del amor. A medida que los lees, piensa cuál es más importante para ti.

Palabras de afirmación: usar palabras para afirmar a tu cónyuge. "Te luce mucho ese vestido". "En realidad aprecio lo que hiciste por mí". "¿Sabes cuál es una de las cosas que me gusta de ti? Tu sonrisa. Cuando tú me sonríes, el mundo entero se ve hermoso". "Una de las cosas que me gusta de ti es tu integridad. Yo sé que siempre me dices la verdad". Las palabras pueden enfocarse en la apariencia de la persona, en algo que ha hecho por ti o en algún rasgo de su personalidad. Simplemente usa palabras para expresar tu amor. Pueden ser palabras escritas, habladas e incluso cantadas. ¿Recuerdas el antiguo proverbio hebreo que citamos en el capítulo 1? "En la lengua hay poder de vida y muerte".

Las *Palabras de afirmación* son el principal lenguaje del amor de algunas personas. Si les das palabras de afirmación, ellas florecen. Se sienten profundamente amadas. Si, por otro lado, les expresas palabras hostiles y críticas, son como una daga que hiere su corazón.

Actos de servicio: hacer algo por tu cónyuge que tú sabes que será de su agrado. Cocinar una comida es un acto de servicio. Lavar los platos, doblar toallas, regar el césped, lavar el auto o cambiar el pañal del bebé son actos de servicio. El esposo al que describí antes hablaba ese lenguaje del amor. Muchas esposas se sentirían profundamente amadas si sus esposos hicieran esos actos de servicio. El problema de ese esposo es que él no estaba casado con una de esas mujeres. Los *Actos de servicio* no eran el lenguaje del amor de ella. En efecto, él expresaba amor, pero erraba en el blanco.

¿Has oído el refrán "las acciones hablan más que las palabras"? Eso es cierto cuando los *Actos de servicio* son tu lenguaje del amor. Sin embargo, no es cierto para todo el mundo.

Recibir regalos: es universal dar regalos como una expresión de amor. Mi trasfondo académico antes de estudiar consejería era la antropología cultural, el estudio de las culturas. Nunca hemos descubierto una cultura en la que dar regalos no fuera una expresión de amor. El regalo lleva a pensar a quien lo recibe: "Pensaron en mí. Mira lo que me dieron".

El regalo no tiene que ser costoso. A veces he sugerido a los esposos que sigan el ejemplo de sus hijos pequeños que recogen flores de diente de león en el patio y ofrecen el ramillete a sus mamás. No estoy sugiriendo que sean dientes de león específicamente, sino flores del jardín. Y si no tienes flores en tu jardín, mira el jardín de tu vecino. (Claro, pide permiso a tu vecino, ¡no robes las flores!). Un esposo me contó que iba caminando y vio una pluma de pájaro. La recogió y la llevó a casa, y se la ofreció a su esposa con estas palabras: "Querida, encontré esta pluma mientras caminaba y pensé en ti. Tú eres el viento que empuja mis alas y te amo". Con esto, aquel hombre triunfó, porque el principal lenguaje del amor de su esposa eran las *Palabras de afirmación*, y su segundo lenguaje del amor era *Recibir regalos*.

Si *Recibir regalos* es el principal lenguaje del amor de tu cónyuge, te sugiero que hagas una lista de la clase de cosas que le interesan. Si estás viendo un anuncio publicitario en la televisión y tu cónyuge comenta: "¡Qué interesante!", anota el número de teléfono y días después sorpréndelo/a cuando el artículo llegue a la puerta. Si eres recién casado y sabes que el lenguaje del amor de tu cónyuge es *Recibir regalos*, pero no tienes idea de cómo empezar, pide a su hermana o hermano que te den ideas. Probablemente sepan lo que será significativo para tu cónyuge. Si el dinero escasea en esta etapa de la vida, tu cónyuge no esperará regalos costosos. Tal vez su barra de chocolate preferida sea el regalo perfecto. Recuerda, lo que cuenta es pensar en la persona.

Tiempo de calidad: dar a tu cónyuge atención exclusiva. No me refiero a sentarse en el sofá a ver televisión (hay algo más que tiene tu atención). Tampoco me refiero a sentarse en la misma habitación mientras ambos miran sus computadoras portátiles. Me refiero a cosas como sentarse en el sofá o en sus sillas favoritas, sin televisión, sin computadoras, sin atender llamadas, sino más bien mirándose, hablando y escuchando. Darle al otro atención total. O hacer una caminata y hablar mientras caminan. O, tal vez ir a su restaurante predilecto, siempre y cuando estuvieran hablando y escuchándose mutuamente. En los últimos años me ha asombrado observar parejas que se sientan en el restaurante y ambos están mirando sus teléfonos. Espero que ninguno de ellos tenga *Tiempo de calidad* como lenguaje del amor.

Tiempo de calidad también tiene otros dialectos, como hacer algo juntos que al menos uno de los dos disfruta y en lo que el otro accede a participar. Para la persona cuyo lenguaje del amor es *Tiempo de calidad*, lo que hagan no es tan importante como el hecho de que lo hagan juntos. Tal vez puedan plantar unas flores o limpiar juntos un armario o el garaje. Lo importante es que estás eligiendo dar completa atención a estar con tu cónyuge.

Contacto físico: toques físicos de afirmación y llenos de significado. En un matrimonio esto puede ser gestos como tomarse de las manos, besarse, abrazarse, relaciones sexuales, poner tu mano sobre el hombro mientras le sirves el café, o poner tu mano sobre su pierna mientras conduces el auto. Hace ya mucho tiempo que se conoce el poder del contacto físico. Por eso mimamos a los bebés en los brazos y, mucho antes de que entienda el significado del amor, el bebé se siente amado por medio del contacto físico.

De estos cinco lenguajes del amor, cada persona tiene uno que es el principal. Uno de ellos le habla más profundamente a nivel emocional que los otros cuatro. Podemos recibir amor en los cinco lenguajes, pero uno es más significativo. Es muy similar al lenguaje hablado. Todos crecimos hablando un idioma con cierto dialecto. Ese es el idioma que entendemos mejor. Lo llamamos "lengua materna". Lo mismo sucede con el amor. Algunas personas me han dicho: "Creo que tengo dos lenguajes del amor". Mi respuesta es: "Bien, puede considerarse bilingüe". Sin embargo, la mayoría de las personas tiene uno que predomina.

Ahora bien, no hay que dar por sentado que todos los hombres tienen como lenguaje del amor el *Contacto físico*. Lo digo porque la respuesta automática de muchos hombres es: "Yo sé cuál es mi lenguaje del amor, *Contacto físico*". Están hablando de relaciones sexuales. Mi pregunta para ellos es: "¿El contacto físico no sexual le hace sentir amado?". Al principio me miran como un extraterrestre, como si preguntaran: "¿Acaso existe el contacto físico no sexual?". Entonces yo pregunto: "Digamos que los dos están caminando y tu esposa extiende su mano y toma la tuya. ¿Eso te hace sentir amado?". Si él dice: "No, eso más bien me molesta cuando camino", pregunto además: "Digamos que ella está sirviendo una taza de café y pone su mano sobre tu hombro. ¿Eso te hace sentir amado?". Si el hombre dice: "En realidad, no", yo le digo: "Entonces, en realidad, el *Contacto físico* no es tu lenguaje del amor. A ti te gusta el sexo, pero el *Contacto físico* no es tu lenguaje del amor".

La sinceridad no basta. Debemos aprender y tomar la decisión de hablar el principal lenguaje del amor de nuestro cónyuge si queremos renovar nuestro matrimonio.

Los lenguajes del amor no son característicos del sexo femenino o masculino. Cualquier persona puede tener cualquiera de los cinco lenguajes del amor como su principal. Lo importante es descubrir el principal lenguaje del amor de tu cónyuge y tomar la decisión de hablarlo diariamente. Esto no significa que puedas desatender los otros idiomas. No. Puedes usarlos aquí y allá en algunos momentos para recibir "puntos adicionales". Por otro lado, si no hablas el lenguaje del amor de tu cónyuge, él/ella no va a sentir que tú lo/a amas, a pesar de que hables algunos de los otros idiomas. Esto explica por qué la esposa de la ilustración anterior no se sentía amada a pesar de que su esposo hablaba sin dificultad el lenguaje de *Actos de servicio*. El lenguaje del amor de ella era *Tiempo de calidad.* Recuerda lo que ella dijo: "Nunca hablamos. No hemos hablado en veinte años". Su esposo era sincero, pero la sinceridad no basta. Debemos aprender y tomar la decisión de hablar el principal lenguaje del amor de nuestro cónyuge si queremos renovar nuestro matrimonio.

¿Cómo puedes descubrir el principal lenguaje del amor de tu cónyuge? Permíteme sugerir tres maneras. Primero, observa su comportamiento. ¿Cómo es su estilo de responderte a ti y también a otras personas? Si tu cónyuge siempre está dando regalos a otros, esa es una pista de que su propio lenguaje es *Recibir regalos*. Tenemos la tendencia a hablar nuestro propio lenguaje. Si a menudo prodiga a los demás palabras de aliento, es probable que *Palabras de afirmación* sea su propio lenguaje del amor. Segundo, observa los reclamos más frecuentes que hace. Sus reclamos revelan su lenguaje del amor. Si dice: "Creo que nunca me tocarías si yo no tomara la iniciativa", te está diciendo que el *Contacto físico* es su lenguaje del amor. Si dice: "Me gustaría que me mostraras aprecio o me dieras las gracias de vez en cuando", está revelando que su lenguaje del amor son *Palabras de afirmación.* Tercero, observa lo que pide más a menudo. Estas peticiones también revelan el lenguaje del amor. Si pregunta con frecuencia: "¿Podemos hacer una caminata después de la cena?", está pidiendo *Tiempo de calidad.* Si, cuando sales de casa para ir a la tienda, tu cónyuge dice: "No olvides traerme una sorpresa", te está diciendo que su lenguaje del amor es *Recibir regalos.* Si observas estos tres aspectos, identificarás claramente el principal lenguaje del amor de tu cónyuge.

Otra actividad divertida que puedes hacer es contestar el cuestionario gratuito en línea en 5lovelanguages.com o en la app oficial 5 Love Languages, Love Nudge para iOS y Android (estos recursos solo están disponibles en inglés). El cuestionario incluye treinta preguntas y te revela tu principal lenguaje del amor y el secundario. Puedes comparar los resultados con lo que has descubierto en las tres observaciones que acabo de sugerir. También hay un cuestionario para niños y otro para adolescentes. Imagina lo que sucedería en la atmósfera familiar si todos descubriéramos el lenguaje del amor de cada uno y empezáramos a hablarlo diariamente. El tiempo que pasan juntos puede convertirse en el mejor momento para tu matrimonio y para tus hijos.

En este capítulo te he dado información acerca de

cómo reavivar el amor en tu matrimonio. No puedo darte la motivación. Sin embargo, doy por hecho que, si has leído hasta aquí, ya estás motivado para renovar tu matrimonio. Pocas cosas son más importantes que satisfacer la necesidad emocional de amor de tu cónyuge. Si tu cónyuge te acompaña en la lectura de este capítulo, es probable que cada uno descubra sus respectivos lenguajes del amor y que empiecen a hablarlo diariamente. Si tu cónyuge no ha leído el capítulo y no le interesa, no te des por vencido. Recuerda el poder de la influencia. Si empiezas a hablar el lenguaje del amor de tu cónyuge y eres constante en los meses siguientes, puedo prever que empezarás a ver un cambio en la manera en que tu cónyuge se relaciona contigo. El amor estimula el amor. He visto muchos matrimonios renovados cuando un cónyuge estuvo dispuesto a tomar la decisión de amar y expresar amor en el lenguaje apropiado. Si tus emociones te empujan a pensar "No tengo la energía para hacer esto. Tal vez no funcione. Mi cónyuge nunca cambiará", no sigas tus emociones. Elige una actitud positiva: "Esto podría ayudar. No siento deseos de hacerlo, pero elijo hacerlo. Voy a hacer mi parte para buscar mejorar mi matrimonio". Nunca he conocido a alguien que haya lamentado el hecho de haberlo intentado.

PONGÁMOSLO EN PRÁCTICA

1. Si ya sabes cuál es el lenguaje del amor de tu cónyuge, ¿con cuánta regularidad has estado hablándolo? Evalúate en una escala de 0 a 10. ¿Qué harás para aumentar ese esfuerzo?

   0 1 2 3 4 5 6 7 8 9 10

   ____

   ____

   ____

   ____

2. Si no sabes cuál es el lenguaje del amor de tu cónyuge, aplica las tres observaciones sugeridas en este capítulo, e intenta determinar cuál es. Tal vez quieras además responder el cuestionario gratuito y animar a tu pareja a hacerlo también.

   Observación #1 __________________________

   ____

   Observación #2 __________________________

   ____

Observación #3 ______________________________

____

3. En una escala de 0 a 10, ¿cuánto amor sientes que te expresa tu pareja?

   0 1 2 3 4 5 6 7 8 9 10

   Hazle las siguientes preguntas y anota sus respuestas:

   En una escala de 0 a 10, ¿cuánto amor sientes que te expreso?

   0 1 2 3 4 5 6 7 8 9 10

   ____

   ____

   ____

   ____

   ¿Qué podría hacer para subir esa calificación?

   ____

   ____

   ____

   ____

Es muy probable que su respuesta te revele su lenguaje del amor, aunque no haya leído el capítulo.

4. Si tu cónyuge ha leído contigo el capítulo, tengan una sesión de hablar y escuchar para comentar los lenguajes del amor. Recuerden los años que llevan juntos y hablen acerca de por qué se sintieron amados o no se sintieron amados en ciertas temporadas. Pónganse de acuerdo en intentar enfocarse en el lenguaje del amor de cada uno durante la crisis actual.

5. Si tu cónyuge no ha leído todavía el capítulo y no manifiesta interés, decide hablar su lenguaje del amor diariamente durante los próximos meses y ver qué pasa. Recuerda el poder de la influencia. Tu amor podría estimular su amor.

CAPÍTULO 4

APRENDAN EL VALOR DEL TRABAJO EN EQUIPO

El matrimonio es un deporte en equipo. Las parejas exitosas aprenden a trabajar en equipo. Aunque los jugadores en un equipo deportivo no llevan a cabo las mismas tareas, sí tienen el mismo objetivo. Su éxito depende en gran medida del buen desempeño de cada miembro del equipo. El matrimonio es un equipo de dos. Hemos elegido procesar la vida juntos. Hay cientos de tareas que hay que llevar a cabo cada semana en el transcurso de la vida matrimonial. La mayoría recordamos los primeros días de matrimonio cuando decidíamos quién hacía qué.

Algunas de nuestras decisiones se basaban en el modelo de nuestros padres. Si la madre era la cocinera principal, es posible que la esposa haya considerado ese como su papel. Si el padre del esposo era el cocinero, es posible que él haya considerado que ese fuera su papel. En esos casos, es necesario negociar qué papel va a desempeñar cada uno en la preparación de la comida. En mi consejería prematrimonial a lo largo de los años, con frecuencia he animado a las parejas a hacer una lista de las tareas que hay que llevar a cabo con regularidad después de estar casados. Si son diligentes, la lista será larga. Yo incluiría comprar víveres, cocinar, lavar platos, pasar la aspiradora, limpiar sanitarios, cortar el césped, lavar autos, mantener el auto con suficiente combustible, llevar las cuentas, etc. En seguida, animo a cada uno a tomar una copia de la lista y a escribir sus iniciales al lado de las tareas que ellos creen que les correspondería, y las iniciales de su prometido/a al lado de las tareas que esperarían que haga el otro. Si ellos pensaban que podían realizar algunas tareas juntos, anotaban las dos iniciales, pero subrayaban aquella que tendría una mayor responsabilidad.

Las parejas exitosas aprenden a trabajar en equipo.

Después de terminar el ejercicio, mirábamos las listas y nos dábamos cuenta de que había varias tareas a las que cada uno había asignado las iniciales del otro. Era el momento de la negociación. Por ejemplo, yo preguntaba a la mujer: "¿Por qué escribió las iniciales de él junto a la tarea de limpiar el sanitario?". La respuesta más frecuente era: "Porque mi padre lo hacía". Por su parte, el hombre imaginaba a su esposa limpiando el sanitario porque eso era lo que hacía su madre. De modo que la pregunta obvia era: "En su matrimonio, ¿quién va a limpiar el sanitario?". Tal vez uno se ofrezca voluntariamente o diga: "Creo que podríamos turnarnos". Entonces pregunto: "Bien, ¿cada uno lo hará durante un mes?, ¿o cambiarán cada semana? ¿Y a quién le tocará hacerlo primero?". Obviamente, decidir el papel que va a jugar cada miembro del equipo requiere alguna medida de negociación. Sin embargo, las parejas que dialogan acerca de estos temas antes de casarse tendrán una experiencia mucho más armoniosa.

El hecho de que tomemos estas decisiones no significa que desempeñemos el mismo papel toda la vida. Puede que después del matrimonio descubramos que un miembro del equipo es más hábil en una tarea que el otro. En mi propio matrimonio estuvimos de acuerdo en que mi esposa iba a pagar las facturas de los servicios públicos y llevar las cuentas. A los cuatro meses de estar casados, Karolyn me pregunto: "Querido, ¿te molestaría encargarte de esta responsabilidad?". Yo respondí: "Yo podría hacerlo, pero ¿por qué lo pides?". Ella respondió: "Me estresa mucho". Yo estaba en mis estudios de posgrado y ambos trabajábamos a tiempo parcial, de modo que nuestro presupuesto era más bien limitado. Así que entendí lo que ella me quiso decir. Acepté encargarme de esa tarea y lo he hecho durante todos estos años. Lo ideal es que cada miembro de la pareja ocupe el lugar más adecuado para que puedan ser un equipo ganador.

Ahora hablemos del caso específico de ustedes. ¿Cómo decidieron los papeles que desempeñaría cada uno en el equipo matrimonial? ¿Decidieron esto antes de casarse o lo organizaron progresivamente a lo largo de los años? Muchas parejas miran en retrospectiva y reconocen que tuvieron muchas dificultades en esa área de su matrimonio. De hecho, algunas admiten incluso que todavía luchan con esto. Un cónyuge puede sentir que sobrelleva una carga mucho más pesada que el otro, y considera injusta la distribución de labores. Muchos conflictos matrimoniales se centran en estas percepciones opuestas. (Hablaremos acerca de la manera saludable de resolver conflictos en el capítulo 5). Por el momento, demos por hecho que ya tienen más o menos acordado el papel que desempeña cada uno en la pareja, y que la vida transcurre más o menos sin contratiempos.

Sin embargo, cuando llega una crisis, como el COVID-19, todo el terreno de juego necesita reconfigurarse. Ya no tienen la misma rutina de la mañana. Si tienen que estar confinados, ninguno sale de casa para trabajar. Puede que uno de ustedes trabaje en casa y el otro ya no tenga empleo. O puede que ambos trabajen en casa, o que ambos hayan perdido su empleo. Hay uno que está más activo de noche y otro en la mañana, de modo que tal vez uno de ustedes se acueste a dormir más tarde de lo normal porque ya no hay necesidad de levantarse temprano. Puede que te sientas como si el mundo fuera un lugar diferente y ya no sabes cuál es tu papel.

Lo ideal es que cada miembro de la pareja ocupe el lugar más adecuado para que puedan ser un equipo ganador.

Si tienes hijos y están ustedes confinados, el campo de juego es aún más confuso. El que acostumbraba a llevar a los niños a la escuela ya no tiene que encargarse de esa tarea. El que les preparaba el desayuno puede ser el que "duerme hasta tarde", y el cónyuge trata de resolver cómo alimentar niños hambrientos en la mañana. Si uno de ustedes empacaba el almuerzo de los niños, ese trabajo ya no existe. O si comían almuerzo en la cafetería de la escuela, aparece un nuevo trabajo para los padres. Podría seguir con esto, pero creo que no hace falta. Lo cierto es que están viviendo una nueva realidad y tu papel en el equipo ya no es tan definido como solía serlo.

Este capítulo se trata acerca de volver al principio y repensar nuestro lugar en el equipo. Permíteme hacerte algunas sugerencias que espero te resulten útiles. Pero, antes de eso, es importante que evalúes tu desempeño frente a las ideas que se plantearon en los capítulos 1 al 3. Para resumir, hazte las siguientes preguntas: ¿He declarado una tregua de bombas verbales? ¿Me estoy enfocando en reemplazar las críticas con halagos? Si he roto la tregua, ¿me he disculpado? ¿Estoy hablando diariamente el principal lenguaje del amor de mi cónyuge? Practicar estas tres habilidades creará una atmósfera positiva en la cual se puede conversar acerca de los papeles que han cambiado durante este período de ajustes.

Ahora que empiezas a considerar los papeles que necesitan ajustes, permíteme animarte a empezar con preguntas y no con declaraciones. Observa la diferencia entre estas dos maneras de abordar el asunto: "Cariño, sé que ambos estamos tratando de adaptarnos a nuestra nueva situación. ¿Qué es lo que más te estresa y qué podría hacer yo para ayudarte?". Compara eso con el siguiente enfoque: "Tienes que asumir una mayor responsabilidad con los niños. No puedo hacer todo solo/a". El primero se percibe como amoroso y el segundo como exigente. ¿Cómo responderías si tu cónyuge usara el estilo amoroso? ¿Qué dirías si tu cónyuge usara el estilo de "déjame decirte lo que tienes que hacer"? Las preguntas dejan abierta la posibilidad a que tu cónyuge comunique lo que siente, sus frustraciones y sugerencias de lo que podría ayudar en la situación. Las declaraciones comunican tus sentimientos y frustraciones, pero pueden generar una riña con tu cónyuge o una respuesta defensiva de su parte. No me malentiendas, tu cónyuge necesita saber cómo te sientes, pero primero tienes que asegurarte de que está dispuesto a oír. El hecho de que tú des ejemplo de hacer preguntas y de expresar tu deseo de ayudar a tu cónyuge va a crear la atmósfera propicia para que el otro, a su vez, te haga la misma pregunta.

Antes de que tuvieran que confinarse en casa, Dora era la encargada de preparar el desayuno para la familia. Después de eso, ella salía para su trabajo. Roberto, su esposo, ayudaba a los hijos a organizarse y los llevaba en el auto a la escuela de camino a su oficina. Todo funcionaba a la perfección. Aunque Dora no era una persona que estaba más activa en la mañana, aceptó el papel sin reparos. Sin embargo, ahora que nadie sale de la casa en las mañanas, ella preferiría dormir un poco más. Los niños, por su parte, se levantaban y estaban listos para tomar el desayuno en su horario normal. Ella se sentía un poco molesta de no poder disfrutar las ventajas del confinamiento en casa. Cuando Roberto le preguntó: "¿En qué te sientes más estresada y qué puedo hacer para ayudarte?", ella le dijo de inmediato lo que sentía y le preguntó si él podía preparar el desayuno para los niños durante la temporada de confinamiento. Roberto es más activo en la mañana, de modo que accedió de buena gana. Dora le dijo: "Eres el mejor esposo del mundo". El lenguaje del amor de Roberto es *Palabras de afirmación*, de modo que su tanque de amor pasó del nivel siete a diez. Si Roberto no hubiera hecho la pregunta, es posible que Dora hubiera reprimido su frustración una semana o más, para luego estallar con palabras como: "Yo no sé por qué no puedes preparar el desayuno para los niños y dejarme dormir un poco más. Estoy muy molesta". Quizá la historia no habría tenido un final feliz.

Mi segunda sugerencia es: Dedica tiempo a examinar las diferencias de personalidad entre ustedes. Todos sabemos que existen diferentes formas de responder ante la vida. Hemos mencionado las personas que son más activas en la mañana y las que son más activas en la noche. Podríamos llamarlas "el petirrojo" y "el búho". El petirrojo se levanta temprano y está alerta (y, como dice un refrán: "A quien madruga, Dios le ayuda"), mientras que el búho está despierto y activo en la noche, pero a la mañana aparece en la puerta el aviso de "no molestar". Respetar esas diferencias y no tratar de cambiar a la otra persona permite lograr una atmósfera positiva. El objetivo es buscar maneras en las cuales sus diferencias pueden funcionar a favor y no en contra de su matrimonio. Eso es exactamente lo que hicieron Dora y Roberto en el ejemplo anterior.

Otra diferencia de personalidad es "el ordenado obsesivo" y "el desordenado". "Un lugar para todo y todo en su lugar" es el lema del ordenado obsesivo, mientras que la pregunta más frecuente del desordenado es: "¿Dónde está tal cosa?". Cuanto más pronto aprendamos que algunas personas no están diseñadas por naturaleza para tener presente el lugar donde ponen las llaves de su auto, más rápido tendremos un equipo ganador. No trates de obligar a esas personas a convertirse en ordenados obsesivos instalando un gancho en el garaje con la esperanza de que cuelguen allí sus llaves. Eso no va a suceder. Un esposo dijo: "Amarré sus llaves a una pelota de tenis. Estaba convencido de que ella no iba a perder una pelota de tenis. Estaba equivocado". Es mucho mejor conseguir tres juegos de llaves y decir: "Usa estas, querida, luego encontraremos las otras". Y las encontrarás (tal vez en el refrigerador). Ayúdense mutuamente. Saquen provecho de las fortalezas de cada uno. Tengan en cuenta las diferencias de personalidad mientras buscan el lugar idóneo para cada miembro del equipo en este nuevo terreno de juego.

Mi tercera sugerencia es descubrir lo que le apasiona

a tu cónyuge y ayudarle a encontrarlo. Margarita había estudiado literatura en la universidad, y en esos años había soñado con ser escritora. Sin embargo, después de casarse, su empleo consumía gran parte de su energía y la idea de escribir quedó relegada. Luego vino un bebé, y otro. Cuando golpeó el COVID-19, los niños estaban en primero y tercero de primaria. Margarita tenía un ritmo estable en su vida, y ella y Carlos tenían una buena relación. Sin embargo, tenía muy poco tiempo para escribir. Una tarde, cuando Carlos jugaba en el patio con los niños, ella se sentó en su computadora y empezó a escribir. Escribió un artículo acerca de las alegrías de ser una madre cuando ambos padres están en el mismo equipo. Lo imprimió y lo dejó sobre el escritorio, con la intención de revisarlo después. Esa noche, después que Carlos acostó a los niños, él lo tomó y lo leyó.

—El artículo es excelente, Margarita —dijo.

—¿Lo leíste? ¿De veras te gustó? —preguntó ella.

—Me encantó —respondió Carlos—. Tienes que ofrecerlo al periódico local.

Ese era el impulso que ella necesitaba. Presentó el artículo y, a la semana siguiente, salió publicado. Quién sabe qué escribirá ella en el futuro, pero todo empezó en medio de una pandemia gracias a que Carlos la animó.

La mayoría tenemos ideas acerca de lo que quisiéramos hacer o lograr en la vida. Es probable que sepas lo que está en tu mente, pero ¿sabes lo que está en la mente de tu cónyuge? Si no lo sabes ya, este es un buen momento para preguntar: "Si pudieras hacer cualquier cosa en el mundo, ¿qué te gustaría hacer?". Tal vez tengan más de una idea. Ayudar a tu cónyuge a triunfar en el logro de sus metas procura una de las más profundas satisfacciones en la vida. Ten presente que ustedes son un equipo; cuando uno de ustedes tiene éxito, los dos tienen éxito. Tú podrías dar el primer paso, aun en medio de la situación actual.

PONGÁMOSLO EN PRÁCTICA

1. Antes de la crisis, ¿estabas satisfecho con el papel que cada uno de los dos desempeñaba en el equipo? Si no, ¿qué te gustaría que fuera diferente?

2. ¿Qué ajustes han hecho en sus funciones desde que sobrevino la crisis? ¿Qué cambios te gustaría comentar con tu cónyuge?

____

____

____

____

3. Pregunta a tu cónyuge: "En medio de todos los cambios que están ocurriendo, ¿qué es lo más estresante para ti y qué puedo hacer para ayudarte?". Anota su respuesta:

____

____

____

____

4. ¿Qué diferencias de personalidad te parecen más molestas? ¿Cómo podrían usar esas diferencias para impulsarlos y no para dividirlos?

____

____

___

___

5. Pregunta a tu cónyuge: "Cuando piensas en la vida, ¿qué te gustaría hacer o lograr realmente?". Luego pregunta: "Qué podría hacer yo para ayudarte a lograr ese objetivo?". Anota sus respuestas:

___

___

___

___

___

___

CAPÍTULO 5

TENGAN UN "TIEMPO DIARIO PARA SENTARSE Y ESCUCHAR"

Con frecuencia decimos: "Sentémonos y hablemos", pero la mayoría de nosotros necesita aprender a escuchar. Por supuesto, para escuchar es preciso que alguien hable. Sin embargo, muchos nunca hemos aprendido a escuchar de manera empática. La empatía se enfoca en tratar de entender los pensamientos y los sentimientos de la persona que habla. Es mentalmente laborioso ponerte en la piel del otro y ver el mundo desde su perspectiva. Por naturaleza, no escuchamos para entender, sino para responder. Mientras hablamos, estamos pensando en lo que vamos a decir, en lugar de tratar de entender lo que el otro está diciendo.

Durante muchos años he animado a las parejas a que tengan un "tiempo diario para sentarse y escuchar" durante el cual cada uno cuenta tres sucesos del día y cómo se sintieron respecto a cada uno. Es una forma de estar al tanto de la vida del otro en medio de los afanes de la jornada. Muchas parejas han descubierto que este es un método muy útil para proteger el vínculo matrimonial.

Si están ustedes confinados en estrecha convivencia,

quizá te preguntes por qué sería necesario hacer esto. La realidad es que es imposible leer la mente del otro. Puedes observar a tu cónyuge mientras organiza la ropa, pero no sabes lo que piensa ni lo que siente. Pueden estar en la misma casa y aún así estar a kilómetros de distancia. Cuando dedicas tiempo a escuchar a tu pareja, le expresas cuánto valoras la relación. Si en este momento no tienen un "tiempo diario para sentarse y escuchar", permíteme animarlos a empezar uno. Si tienen hijos será más difícil, pero en muchos sentidos es aún más importante para su matrimonio. Pueden hacerlo durante la siesta del bebé o después que los niños se han acostado a dormir, pero dediquen tiempo a lo que consideran importante.

Es mentalmente laborioso ponerte en la piel del otro y ver el mundo desde su perspectiva.

El "tiempo diario para sentarse y escuchar" tiene el propósito de mantenerlos mental y emocionalmente conectados. Sin embargo, en este capítulo quiero concentrarme en cómo permanecer conectados cuando tenemos conflictos. En mis más de cuarenta años de aconsejar parejas, la mayoría de sus conflictos sin resolver son el resultado de una falta de entendimiento entre los dos. Entender solo es posible cuando se escucha con empatía. Los conflictos son inevitables. No existen parejas que no tengan conflictos. ¿Por qué? Porque somos humanos, y los seres humanos no tenemos los mismos pensamientos y sentimientos. Somos únicos. Vemos el mundo y nuestra situación con una mirada particular. Tenemos emociones que nuestro cónyuge no siente, incluso cuando se trata de las mismas circunstancias.

En medio de esta crisis, es posible que tú y tu cónyuge respondan de manera muy diferente a las circunstancias. Tal vez uno se siente ansioso, temeroso o incluso deprimido, mientras que el otro se siente animado, esperanzado e incluso tranquilo. Nuestra personalidad y nuestra historia personal influyen en ello. Tania creció en un hogar muy inestable. Sus padres se peleaban con frecuencia y, cuando ella tenía trece años, su padre los abandonó y nunca regresó. Su madre luchó para darles comida y sufría de depresión. Es fácil entender por qué Tania podría sentirse extremadamente ansiosa en el ambiente actual. Jacobo, su esposo, creció en un hogar estable en el que sus padres tenían una relación amorosa y comprensiva. En tiempos difíciles, trabajaron juntos como un equipo, y Jacobo siempre se sintió seguro. Como he señalado, nuestro estado mental actual se ve afectado por nuestra historia personal. No podemos esperar que nuestro cónyuge responda a la situación presente del mismo modo que nosotros.

Es posible que descubras nuevas áreas de conflicto que no habían encontrado cuando la situación era más estable. Durante el confinamiento por la crisis del COVID-19, Tomás y Raquel tuvieron una discusión muy fuerte acerca de dejar a los niños pasar el fin de semana con los padres de Raquel, que viven al otro extremo de la ciudad. Raquel sentía la necesidad de un respiro emocional de su labor constante de madre. Tomás, por su parte, estaba reticente, porque la madre de Raquel tenía algunas dificultades de salud y él sabía que su suegra había estado saliendo para ir a la casa de su peluquera mientras el salón de belleza estaba cerrado. Él alegó que su suegra bien podría haber estado expuesta al virus porque había otros clientes en casa de la peluquera. Tal vez tú hayas descubierto tus propias "nuevas" áreas conflictivas.

Cuando dedicas tiempo a escuchar a tu pareja, le expresas cuánto valoras la relación.

Un conflicto no es una simple diferencia de opinión. No se trata de que él prefiera el salmón y ella prefiera el pollo. Ese no es un conflicto, sino una simple preferencia. Un conflicto es cuando los dos están en desacuerdo acerca de algo y ambos están convencidos de que el otro está equivocado. Los conflictos suelen producir disputas, y las disputas por lo general empeoran las cosas. Él dice que ella es egoísta y ella dice que él es irresponsable. La disputa se torna más acalorada y empiezan a atacarse verbalmente. Al final, uno se aleja y da un portazo. Acto seguido, el conflicto se esconde bajo el tapete y queda sin resolverse. Cuando una pareja esconde los conflictos bajo el tapete, tarde o temprano empiezan a decirse a sí mismos: "No somos compatibles. No estamos de acuerdo en nada. Esto nunca va a funcionar. Tengo que salir de este matrimonio". La realidad es que son dos seres humanos que nunca aprendieron a resolver conflictos. Quiero compartir algunas ideas básicas acerca de cómo resolver conflictos y así construir un matrimonio saludable.

La esencia de la resolución de conflictos es desarrollar la práctica de la escucha empática, que acabamos de mencionar. Sin embargo, la mayoría de las parejas no aprenderán esta habilidad a menos que se lo propongan. Acordemos primero que ambos miembros de la pareja preferiríamos resolver nuestros conflictos en vez de pelear. Esa no debería ser una decisión difícil. Luego, establezcamos un tiempo semanal "para sentarse y escuchar", con el fin de procesar un conflicto (uno por semana). Eso da un total de cincuenta y dos al año. Eso parece una buena cantidad. La primera pauta es tomar turnos para hablar. Uno de ustedes toma cinco minutos y comunica "su lado", su perspectiva de las cosas. Al cabo de cinco minutos, el que escuchó puede hacer preguntas para aclarar lo que escuchó, tales como: "Lo que entendí que dijiste es... ¿es correcto?". Haz todas las preguntas de aclaración que desees, pero no respondas con tu opinión. Recuerda que en ese momento tú eres quien escucha. Cuando el que habla dice: "Sí, eso es lo que quiero decir, y así es como me siento", tu respuesta es extremadamente importante. Con ella afirmas sus pensamientos y sentimientos. (Esto no significa necesariamente que estés de acuerdo con su perspectiva). Podrías decir: "Yo creo que entiendo lo que dices, y puedo ver que tiene sentido. Y puedo ver por qué te sientes decepcionado/a (u otra emoción que la persona haya expresado)". Con esa afirmación, ya no eres un enemigo, sino que eres su amigo y aliado.

Ahora es tu turno de cinco minutos para hablar. Puedes empezar diciendo: "Permíteme expresar mi perspectiva. Espero que puedas entender cuál es mi punto de vista". Tu cónyuge es ahora quien escucha y no te interrumpe, sino que escucha con un deseo de entender verdaderamente tus pensamientos y sentimientos. Cuando termina tu turno, la otra persona puede hacerte preguntas de aclaración para confirmar si ha entendido lo que tú piensas y sientes. Después de eso, te expresa afirmación verbal: "Entiendo lo que dices y puedo ver cómo tiene sentido. Creo que también entiendo por qué te sentiste ofendido/a". Todavía no hemos resuelto el conflicto, pero hemos creado un clima emocional en el cual podemos enfocarnos en encontrar la solución en vez de tratar de ganar una discusión.

La esencia de la resolución de conflictos es desarrollar la práctica de la escucha empática.

¿Recuerdas a Tomás y a Raquel, la pareja que tenía un desacuerdo acerca de permitir o no a los niños pasar el fin de semana con los abuelos? Cuando ellos oyeron con sinceridad la perspectiva del otro, Tomás pudo decir: "Entiendo que a ti te va bien disfrutar de un descanso. Comprendo por qué estás agotada". Ella también pudo decir: "Entiendo lo que dices, y puedo ver lo que te preocupa". La siguiente pregunta era: "¿Qué vamos a hacer?". Empezaron a contemplar las posibilidades. Llegaron al acuerdo de que el sábado Tomás iba a pasar el día con los niños. Él prepararía el desayuno y luego empacaría comida para un día de campo. Llevaría a los niños a un paseo por el campo para ver cuántas vacas encontraban en el camino. Luego los llevaría a una caminata por el bosque detrás de su casa. Raquel podía pasar el día descansando o en cualquier actividad de su elección sin preocuparse por los niños. La solución no era la que ninguno de los dos tenía en mente originalmente, pero funcionó para ambos y a los niños les encantó la idea.

Con frecuencia, la resolución de conflictos precisa hacer concesiones. Encontramos un lugar de encuentro, un punto medio entre nuestras dos ideas originales en el que ambos estamos de acuerdo. En otros conflictos, uno de nosotros puede estar de acuerdo en respaldar la idea original del otro. Por ejemplo, Susana y Jorge, con un ingreso limitado, estaban tratando de decidir qué eliminar de su presupuesto. Susana pensó que Jorge podría cancelar su membresía al gimnasio local. Su idea era que él no podía usar la membresía en el momento por la amenaza de la infección del virus, y el pago mensual era considerable. Jorge dudó un poco, porque esperaba poder usar pronto el servicio. Después de una sesión de "sentarse y escuchar", Jorge estuvo de acuerdo con la sugerencia de Susana, y lo hizo sin resentimiento.

Algunos conflictos son más difíciles de resolver. Podemos oír, entender y afirmar al otro, y aún así no poder llegar a un acuerdo. En aquellas ocasiones, estamos de acuerdo en que por el momento estamos en desacuerdo, mientras cada uno sigue pensando en soluciones posibles. Esto puede ser algo que se converse la semana o el mes siguiente, dependiendo de cuánta prisa tenga el asunto. Entre tanto, nuestra relación no sufre por el conflicto, porque ambos nos amamos y nos afirmamos mutuamente. A raíz de la crisis del COVID-19, Felipe ha dicho a Rebeca que ha contemplado la idea de jubilarse pronto. Después de todo, ya había cumplido la edad requerida y no estaba seguro acerca de si podría volver a ir a su trabajo, o ni siquiera que tendría un trabajo después de la crisis. La idea de la jubilación aterró a Rebeca. Después del confinamiento que vivían en casa, ella no estaba segura de estar lista para tener a Felipe en casa todo el tiempo. Ellos no habían aprendido a escuchar con empatía, de modo que tuvieron una discusión más bien acalorada, después de la cual no hablaron mucho en los días posteriores. Si hubieran seguido las sugerencias presentadas en este libro, es muy posible que hubieran logrado entender lo que el otro pensaba y sentía, y afirmarse mutuamente. Tal vez su conclusión habría sido: "Estemos de acuerdo en que no estamos de acuerdo" en ese momento, y abordar el tema un mes después. A partir de ese acuerdo, podrían continuar manifestando amabilidad y apoyo mutuo.

Los conflictos pueden resolverse. Puede ser que no

estemos de acuerdo, pero podemos encontrar una solución práctica que nos permita vivir en armonía. Espero que las ideas que he presentado te sirvan a la hora de enfrentar algunos conflictos que no habían surgido antes de la crisis. Recuerda que la clave es escucharse mutuamente con empatía, con el propósito de entender y afirmar los pensamientos y los sentimientos del otro. Un "tiempo diario para intercambiar ideas" y un "tiempo semanal para resolver conflictos" exigen una mentalidad de "sentarse y escuchar".

PONGÁMOSLO EN PRÁCTICA

1. Si como pareja ya tienen un "tiempo diario para intercambiar ideas", concéntrense en aprender a escuchar con empatía.

   Cuando tu cónyuge esté hablando, trata de ver las cosas desde su óptica. No te enfoques en lo que piensas, sino en tratar de entender sus pensamientos y sentimientos.

2. Si como pareja no tienen un "tiempo diario para sentarse y escuchar", pregunta a tu cónyuge si esta-

ría dispuesto/a a intentarlo. Podrían empezar con un límite de tiempo de diez a quince minutos. Cada uno puede comentar dos o tres sucesos del día y cómo se sintieron. Recuerda que el propósito es entender lo que la otra persona piensa y siente, para así preservar el vínculo y la comunicación entre ustedes. No uses ese tiempo para juzgar a tu cónyuge por algo que dijo o hizo.

3. Piensa en la posibilidad de tener un "tiempo semanal de resolución de conflictos" para enfocarse juntos en un conflicto reciente. Concéntrate en aprender a escuchar con empatía y en afirmar verbalmente la perspectiva y los sentimientos de tu cónyuge. Traten de hablar y escuchar por turnos.

4. Si están experimentando varias áreas de conflicto, haz una lista y enuméralas en orden de importancia. Invita a tu cónyuge a que haga lo mismo. En semanas alternas, cada uno puede elegir el tema semanal. Exploren las tres maneras de resolver un conflicto:

    - encontrar un punto medio que funcione para los dos;

- que uno esté dispuesto a respaldar el deseo del otro; o
- acordar simplemente que por el momento están en desacuerdo.

5. En el pasado, ¿qué tan exitoso has sido para solucionar conflictos? ¿Qué pasos podrías dar para que la resolución de conflictos sea una experiencia más positiva?

____

____

____

____

EPÍLOGO

Cualquiera sea tu situación, espero que pongas en práctica las cinco sugerencias que hemos presentado para renovar tu matrimonio. No aceptes los pensamientos y sentimientos de desesperanza. Este es el momento de luchar por tu matrimonio, y no para asumir una actitud pasiva. Aun si tu cónyuge no está dispuesto/a a leer este libro o a conversar acerca de estas ideas, hay esperanza. Es cierto que una sola persona no puede crear un matrimonio saludable, pero una persona sí puede tomar el primer paso. Si buscas implementar estas ideas, puedes crear un clima emocional positivo. Lo que dices y lo que haces siempre afectará a tu cónyuge, ya sea para influir de manera negativa o positiva. Quiero animarte a procurar que sea una influencia positiva. Aun cuando tu cónyuge no tenga una respuesta positiva, te sentirás muy bien contigo mismo/a. Sabrás que hiciste lo correcto en medio de la tormenta.

Las tormentas de la vida son inevitables, pero el naufragio sí se puede evitar.

El orden de los capítulos del libro es significativo. Si no empezamos con una tregua de bombas verbales, el matrimonio no va a mejorar. Mientras sigamos en guerra no habrá paz. Cuando dejen de caer bombas, podemos disculparnos por nuestras faltas, pasadas y presentes. Lo ideal es que nuestro cónyuge nos perdone, pero al menos habremos derribado el muro de nuestro lado. Luego, cuando descubramos y hablemos el lenguaje del amor de nuestro cónyuge, atenderemos su necesidad emocional más profunda, la necesidad de ser amado. Cuando logramos que el amor fluya en ambas direcciones, es mucho más probable que aprendamos a valorar el trabajo en equipo. Definitivamente tenemos que ser un equipo cuando las fuertes olas de la incertidumbre azoten nuestro barco. Un tiempo diario para "sentarse y escuchar" nos ayudará a mantener una relación amorosa y solidaria. Un tiempo semanal (o cuando sea necesario) para "sentarse y escuchar", enfocado en la resolución de nuestros conflictos, nos ayudará a seguir enfrentando las tormentas de la vida de una manera saludable.

Si las ideas de este libro te han parecido útiles, espero que las des a conocer a tus amigos. Juntos podemos ayudar a crear un ambiente donde florezcan los matrimonios saludables y se brinde un refugio seguro para los hijos. Las tormentas de la vida son inevitables, pero el naufragio sí se puede evitar.

Hacemos y decimos cosas que luego lamentamos y lastimamos a las personas que más amamos.

Incluso en la mejor de las relaciones, todos cometemos errores. En este libro Gary Chapman y Jennifer Thomas, revelan nuevas formas de acercarse de manera efectiva y reparar las relaciones fracturadas. Aún mejor, descubrirá cómo las disculpas significativas le brindan el poder de hacer que sus amistades, familia y matrimonio sean más fuertes que nunca.

Biblia devocional: Los lenguajes del amor

Lectores de Gary Chapman dicen que sus enseñanzas son relevantes, útiles, simples, eficaces... y él aporta su estilo a esta Biblia. Esta Biblia incluye la versión Reina-Valera 1960, 260 devocionales diarios, 52 estudios bíblicos para cada fin de semana, guías de oración, introducciones a los libros de la Biblia y mucho más.

EDITORIAL
PORTAVOZ

NUESTRA VISIÓN

Maximizar el efecto de recursos cristianos de calidad que transforman vidas.

NUESTRA MISIÓN

Desarrollar y distribuir productos de calidad —con integridad y excelencia—, desde una perspectiva bíblica y confiable, que animen a las personas a conocer y servir a Jesucristo.

NUESTROS VALORES

Nuestros valores se encuentran fundamentados en la Biblia, fuente de toda verdad para hoy y para siempre. Nosotros ponemos en práctica estas verdades bíblicas como fundamento para las decisiones, normas y productos de nuestra compañía.

Valoramos la excelencia y la calidad.
Valoramos la integridad y la confianza.
Valoramos el mérito y la dignidad de los individuos y las relaciones.
Valoramos el servicio.
Valoramos la administración de los recursos.

Para más información acerca de nuestra editorial y los productos que publicamos visite nuestra página en la red: www.portavoz.com.